AF557069

Das ist Sisi.

Das sind Mira und Sisi.

Sisi hört zu.

Mira mag Blumen.

Sisi mag Gras.

Sisi miaut.

Sisi schnuppert.

Sisi lauert.

Sisi schleicht.

Mira und Sisi jagen.

Mira und Sisi fauchen.

Sisi schläft.

Sisi schläft oft.

Sisi putzt sich.

Sie putzt auch Mira.

Mira und Sisi gehören zusammen.

Lesetexte mit Silbentrenner

Neues aus Mildenberg

Geschichten von Mia, Mio und ihren Freunden
Jedes Heft: DIN A5, 20 Seiten, vierfarbig, geheftet, Hörangebot online

Heft 11 – 20

ISBN 978-3-619-14713-7
ISBN 978-3-619-14714-4
ISBN 978-3-619-14715-1
ISBN 978-3-619-14716-8
ISBN 978-3-619-14717-5

ISBN 978-3-619-14718-2
ISBN 978-3-619-14719-9
ISBN 978-3-619-14721-2
ISBN 978-3-619-14722-9
ISBN 978-3-619-14723-6

Weitere Informationen und weitere Titel der Reihe unter:
www.mildenberger-verlag.de/941

Weitere Informationen unter:
www.mildenberger-verlag.de/321

ISBN 978-3-619-04420-7

Die Katze Sisi
ISBN 978-3-619-04421-4

ISBN 978-3-619-04422-1

ISBN 978-3-619-04423-8

ISBN 978-3-619-04424-5

ISBN 978-3-619-04425-2

ISBN 978-3-619-04426-9

ISBN 978-3-619-04427-6

ISBN 978-3-619-04428-3

ISBN 978-3-619-04429-0

Lesestufe 1 Komplettpaket

Print	978-3-619-04460-3
Digital-Lizenz, 120 Monate, mit Vorlesefunktion	978-3-619-92228-4
Print & Digital	978-3-619-92468-4

Weitere Lesetexte mit Silbentrenner:
www.mildenberger-verlag.de/silbe

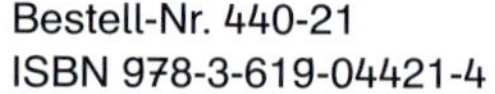
Bestell-Nr. 440-21
ISBN 978-3-619-04421-4

Unser Spielplatz

Wir sprechen in Silben, aber wir sehen Buchstaben.
Wie kann das Erstlesekind in den Wörtern die Silben finden? Ganz einfach mit dem farbigen Silbentrenner. Dieser ist die entscheidende Lesehilfe. Kann das Kind flüssig lesen, gelingt der Umstieg auf einfarbige Texte problemlos. Und das Beste: Der farbige Silbentrenner hilft auch bei der Rechtschreibung.

Weitere Informationen zur Silbenmethode:

www.silbenmethode.de

Impressum

Unser Spielplatz
von Nicole Brandau und Stefanie Drecktrah

Bestell-Nr. 440-22
ISBN 978-3-619-04422-1

12. Auflage 2025

Alle Rechte vorbehalten
© 2013 Mildenberger Verlag GmbH, 77610 Offenburg
www.mildenberger-verlag.de
E-Mail: info@mildenberger-verlag.de

Das Werk und seine Teile sind urheberrechtlich geschützt. Jede Nutzung in anderen als den gesetzlich zugelassenen Fällen bedarf der vorherigen Einwilligung des Verlages. Hinweis zu §§ 60 a, 60 b UrhG: Weder das Werk noch seine Teile dürfen ohne eine solche Einwilligung an Schulen oder in Unterrichts- und Lehrmedien (§ 60 b Abs. 3 UrhG) vervielfältigt, insbesondere kopiert oder eingescannt, verbreitet oder in ein Netzwerk eingestellt oder sonst öffentlich zugänglich gemacht werden. Dies gilt auch für Intranets von Schulen. Eine Verwendung des Werkes oder seiner Teile für Text- und Data-Mining bedarf ebenfalls der vorherigen Einwilligung des Verlages.

Grafik: Mildenberger Verlag GmbH
Logo und Illustrationen: Achim Schulte, 44263 Dortmund

Druck: EuroPrintPartner GmbH & Co. KG, 77694 Kehl
Gedruckt auf umweltfreundlichen Papieren

Lesestufen

Stufe		Komplettbezug Bestell-Nr.
1	kurze, einfache Sätze	440-60 440-90
2	kurze, erweiterte Sätze	440-61 400-01
3	mehrere zusammenhängende Sätze auf einer Doppelseite	440-62 400-02
4	Eine fortlaufende Geschichte wird erzählt.	440-63 400-03
5	fortlaufende Geschichte, größerer Textumfang	440-64 400-04